CONFÉRENCE

DU

REZ-DE-CHAUSSÉE

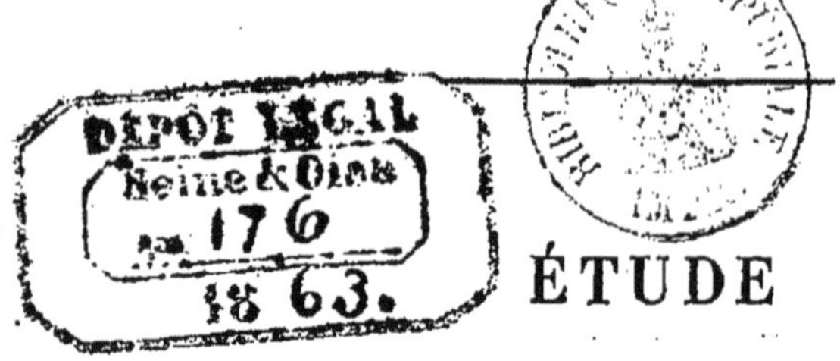

ÉTUDE

SUR

LE CARDINAL DE RETZ

Lue à la séance du 15 janvier 1863

Par M. E. ZEVORT

PARIS

AU SIÉGE DE LA CONFÉRENCE
QUAI MALAQUAIS, 3

1863

ÉTUDE

SUR

LE CARDINAL DE RETZ

En 1614 naissait à Montmirel, en Brie, un homme qui devait jouer un rôle important dans les troubles qui agitèrent le milieu du xviie siècle. Condamné à l'état ecclésiastique, destiné à l'archevêché de Paris dont son oncle occupait le siége, Paul de Gondi se sentait une invincible aversion pour l'Eglise, et il n'épargna rien pour en sortir; il se lança dans les duels et les aventures galantes, il écrivit l'histoire de la conspiration du comte de Fiesque qui inquiéta un instant le tout-puissant Richelieu, enfin, il prit part à une conjuration contre Richelieu lui-même, où il ne s'agissait pas moins que d'assassiner le Cardinal. Malgré des mœurs si peu canoniques, après la mort de Louis XIII, Gondi, recommandé à la reine par le roi mourant, fut nommé à la coadjutorerie de Paris, et dès-lors il dut bien se résigner à respecter au moins en public son caractère de prêtre, il afficha même la dévotion, et il fit quelques conférences à Saint-Lazare. En même temps son ambition se portait vers la plus haute dignité de l'Etat; il aspirait à remplacer Mazarin comme premier ministre, et à gouverner à sa place. Pour arriver à son but, il excite la guerre civile, en s'appuyant sur le peuple qu'il a séduit par des aumônes habilement distribuées ; il reste quatre ans maître de Paris, adoré de la foule et redouté de la cour, changeant de parti selon l'intérêt du moment, faisant de pieux sermons dans les intervalles de ses galants rendez-vous, le matin à Notre-Dame, le soir dans la ruelle d'une duchesse, nouant dans l'ombre la trame de ses intrigues, et toujours fidèle à sa haine contre le Mazarin ; malgré son habileté qui lui vaut le chapeau, il se laisse surprendre par son ennemi ; il est enfermé à Vincennes, transporté de là à Nantes, d'où il s'échappe à travers les péripéties les plus romanesques, et il arrive à Rome, où il apporte au conclave l'esprit qui l'a toujours dirigé : il trompe le conclave; mais il se laisse tromper lui-même par le Pape. Forcé de quitter Rome, il rentre en France à la suite de nouvelles pérégrinations, et, après un séjour de quelques années, à Commercy, il revient mourir à Paris, éloigné du monde qui depuis longtemps l'avait quitté, et consolé de ses déceptions par l'affection intéressée de madame de Sévigné.

Cette vie si remplie, si aventureuse, appartient à une des périodes les plus tristes du xviie siècle, la Fronde, dont il ne restait à l'avénement même de Louis XIV, qu'un souvenir pénible dans la mémoire des honnêtes gens, et une date funeste dans notre histoire. Si le cardinal de Retz, meneur populaire, tribun mitré, n'avait fait qu'exciter la guerre civile, pour y jouer, en somme, un rôle assez équivoque, il ne mériterait pas de nous arrêter longtemps, mais après toutes ses aventures, dans son séjour de Commercy, il a eu l'idée de transmettre à la postérité les événements dont il avait été le principal acteur, et il nous a laissé ses mémoires qui sont un des plus précieux monuments du siècle de Louis XIV. Là, il nous indique quels étaient ses plans, il nous déclare quelles raison l'ont poussé à la guerre, et nous reconnaissons que cet intrigant sans but, cet ambitieux sans motifs, avait une profonde intelligence de la politique, et qu'il savait admirablement quels ressorts font mouvoir les états. Bien supérieurs aux confidences de la Rochefoucauld, de la duchesse de Nemours, de la grande Mademoiselle et de tous ces ingénieux chroniqueurs de la Fronde, les *Mémoires* du cardinal de Retz également remarquables par le mérite historique et par le talent d'écrire, intéressent au même degré l'historien et le littérateur, et, à ce double titre, ils sont dignes d'un sérieux examen.

Les *Mémoires* du cardinal de Retz sont divisés en trois parties : dans la première, il nous raconte l'histoire de sa jeunesse, jusqu'à l'époque de sa nomination à la coadjutorerie ; la seconde partie comprend les événements qui se sont accomplis depuis sa nomination à cette dignité jusqu'à son arrivée en Italie, après sa sortie de prison ; et la troisième est le récit de son séjour dans les pays étrangers. Le second livre des mémoires nous montre Retz dans l'élévation de sa pensée politique et dans tous les agréments de ses peintures, mais on trouve également dans le premier et le troisième livre quelques-uns des mérites qui caractérisent l'œuvre entière.

L'art du récit, la vivacité du style et l'éclat de l'imagination brillent dans cette première partie, où Retz nous raconte comment il fut destiné par ses proches, à l'éclat ecclésiastique, avec « *l'âme la moins ecclésiastique qui fût dans l'univers.* » Il avoue son peu de vocation pour cet état dont la contrainte gênait ses habitudes de dissipation, et contrariait ses projets ambitieux. Mais la robe qu'il portait ne l'empêcha pas de tremper dans une conjuration contre Richelieu. — Il nous parle de cette conspiration avortée avec une ardeur passionnée ; il s'intéresse aux moindres détails qui peuvent faire échouer ou réussir son projet, et il nous les rapporte avec une scrupuleuse exactitude. Nous le voyons déjà faisant l'apprentissage de ses talents pour les complots et les séditions, nouant mille intrigues, s'agitant au milieu des menées les plus diverses et déployant cet esprit ardent, ambitieux, plein d'une activité fébrile qui s'exercera bientôt dans les troubles

civils aux dépens de la paix du royaume et de la tranquil-
lité de la cour. Il remarque que :

« Les circonstances extraordinaires sont d'un merveilleux poids
dans les révolutions populaires. »

Il déclare :

« Qu'il n'y a pas une action plus grande au monde que la conduite d'un parti, et qu'il faut plus de grandes qualités pour faire
un bon chef de parti que pour faire un bon empereur de l'univers. »

Retz est tout entier dans cette réflexion ; les factions, la
conduite d'un parti, telle est sa grande préoccupation, et
cette préoccupation l'induit souvent en erreur dans les jugements qu'il porte sur les hommes ; ainsi il nous dira du
grand Condé :

« Monsieur le Prince ayant toutes les qualités de Henri de Guise
n'a pas poussé la faction où il le pouvait. »

Si l'histoire adresse des reproches à Condé, sûrement elle
ne lui fera jamais celui de n'avoir pas renouvelé la ligue au
xviie siècle.

Au milieu des soins donnés à l'intrigue, Retz n'oublie jamais le plaisir ; il nous raconte la tentative d'enlèvement de
mademoiselle de Scepeaux ; il n'hésite pas à nous introduire
dans les boudoirs des grandes dames qui l'honorent de leurs
faveurs, et à nous initier aux plus secrets détails de ses
campagnes amoureuses. Il nous a déjà parlé de ses deux
duels, et il nous fait l'aveu de toutes ses faiblesses pour peu
qu'elles aient un côté brillant. Un prêtre duelliste et concu-
binaire serait aujourd'hui d'un scandaleux exemple : au
xviie siècle grâce au peu de publicité, Retz couvrait tout en
faisant le dévot, et sa réputation n'avait pas trop à souffrir
des rudes atteintes qu'il lui portait. — Néamoins il ne faut

pas être bien sévère, pour trouver que Retz aurait pu voiler discrètement cette partie peu édifiante de sa vie ; heureusement pour lui il a une excuse : ses mémoires adressés à une amie, n'étaient pas destinés à la publicité, et l'on peut croire qu'écrivant pour tous, il aurait hésité à nous mettre dans le secret de certaines aventures galantes, ne fût-ce que pour ne pas compromettre ses belles héroïnes.

Mais là n'est pas l'intérêt de cette première partie des mémoires : ce que nous pouvons déjà y admirer c'est l'art de narrer que Retz possède au suprême degré. Quoi de plus vif et de plus piquant que cette anecdote des moines Augustins, transformés en fantômes noirs, et qui causent tant de frayeur à madame de Vendôme et à sa fille ? On peut trouver que dans ce récit la part d'imaginative est un peu forte : si nous en croyons Tallemant des Réaux, le cardinal de Retz, pas plus que Turenne, n'assistait à cette petite scène ; et cependant Retz déclare qu'il y fut, il s'y donne même le beau rôle et affirme que tout le monde eut peur, même M. de Turenne, que lui seul garda son sang-froid et rassura les femmes presques mortes de peur. C'est là bien du romanesque, mais nous pardonnons aisément ce défaut à Retz, en faveur de l'intérêt de son récit, et surtout en faveur des autres parties de son œuvre, où la vérité dans les circonstances importantes est presque toujours respectée.

Le talent de Retz comme écrivain éclate quand il nous raconte les cabales qui suivirent la mort de Louis XIII. Il nous montre M. de Beaufort se mettant en tête de gouverner, ce dont il était moins capable que son valet de chambre. Puis c'est l'évêque de Beauvais, plus idiot que tous les idiots, qui prend la figure de premier ministre, et demande aux Hollandais qu'ils aient à se convertir à la religion catholique, s'ils veulent demeurer dans l'alliance de la France. Enfin, la cabale des importants est dissoute. Mazarin fait si bien qu'il se trouve sur la tête de tout le monde dans le temps que tout le monde croyait l'avoir à ses côtés ; la reine prodigue les places et les dignités aux anciens persécutés , aux victimes de la journée des dupes, et, à cette époque de sourire et d'indulgence, il n'y a plus que quatre petits mots dans la langue Française : « *La reine est si bonne.* »

Retz nous expose cette chute d'un ministre, ces cabales de cour, ces intrigues d'antichambre, avec un art admirable et un intérêt tout puissant. Le tableau qu'il a tracé de cette époque si gaie, si souriante, est resté si vivant, qu'aujourd'hui encore l'historien qui veut peindre au vif la période qui s'étend de la mort de Louis XIII au commencement de la Fronde, ne saurait mieux faire que d'emprunter à Retz ses tableaux et ses descriptions. Rien de ce que l'on a écrit depuis n'a pu les faire oublier.

Les premières années de la régence furent comme emportées par l'impulsion rapide que le ministère de Richelieu et les victoires du grand Condé avaient donnée à l'autorité royale. Mais bientôt vint un moment où le vent de la sédition souffla de tous les coins de l'horizon, et alors tout se disloqua : la tempête succéda au calme et agita Paris, la cour, tous le royaume. Comment s'éleva cette tempête? c'est ce que Retz nous fera admirablement comprendre ; mais auparavant il songe qu'il est temps de prendre un peu d'haleine :

« Il me semble, *dit-il*, que je n'ai été jusques ici que dans le par-terre où tout au plus dans l'orchestre, à jouer et à badiner avec les violons, je vais monter sur le théâtre où vous verrez des scènes, non pas dignes de vous, mais un peu moins indignes de votre attention. »

Cette transition nous conduit à la seconde partie des mémoires, qui comprend le récit des troubles de la Fronde pendant cinq années de 1648 à 1652. « *Je vais monter sur le théâtre,* » dit Retz : il ne faudrait pas prendre ces mots au pied de la lettre, et se représenter Retz comme un héros de spectacle, qui se montre à nous entouré de tout le pres-

tige de la scène ; ce n'est là qu'une expression métaphorique ;
une des qualités de Retz c'est de se dépeindre tel qu'il est ;
souvent même Retz va trop loin, et cette qualité devient un
défaut, quand il nous raconte en s'en donnant le mérite, les
actes les plus répréhensibles pour peu qu'ils aient un côté
brillant et chevaleresque. Aussi La Rochefoucauld qui le
juge avec une certaine partialité, est-il presque juste quand
il nous dit :

« Il aime à raconter ; il veut éblouir indifféremment tous ceux
qui l'écoutent par des aventures extraordinaires, et souvent son
imagination lui fournit plus que sa mémoire. Il est faux dans la
plupart de ses qualités, et ce qui a le plus contribué à sa réputation
est de savoir donner un beau jour à ses défauts. »

Cette sincérité de Retz, a motivé la sévérité des historiens
qui l'ont jugé ; à l'entendre répéter si souvent qu'il ne voyait
rien au-dessus d'un chef de parti, qu'il avait étudié l'art des
conspirations, et qu'il ne trouvait rien de plus beau que de
commander à un peuple révolté, on l'a pris pour un ambitieux vulgaire, qui excitait les séditions à son profit, et pour
mettre en pratique les théories qu'il avait puisées dans Plutarque. On a dit qu'il entreprit de renverser Mazarin et Condé
l'un par l'autre, afin de faire sa route entre eux deux, et
d'élever sur leur ruine le duc d'Orléans, vain fantôme, sous
le nom duquel il eût gouverné. On a appelé Retz le mauvais
génie de la Fronde, qu'il a toujours empêchée d'aboutir soit
avec Mazarin, soit avec Condé, parce qu'il ne voulait qu'un
gouvernement faible où il pût dominer. Enfin, on l'a montré
employant tous les moyens pour arriver à son but, n'épar-
gnant ni les intrigues souterraines, ni les pamphlets ano-
nymes, ni les sermons hypocrites, ni les discours étudiés au
parlement, ni les émeutes populaires et les coups de main
désespérés. Il faut bien le reconnaître, Retz par la manière
dont il parle de lui-même, et dont il nous explique sa con-

duite, semble mériter tous ces reproches. Il se croit joué par la cour, et alors il nous dit :

« Comme la manière dont j'étais poussé et celle dont le public était ménagé eurent dissipé mon scrupule, et que je crus pouvoir entreprendre avec honneur et sans crainte d'être blâmé, je m'abandonnai à toutes mes pensées, je rappelai ce que mon imagination m'avait jamais fourni de plus éclatant et de plus proportionné aux vastes desseins, je permis à mes sens de se laisser chatouiller par le titre de chef de parti, que j'avais toujours honoré dans les vies de Plutarque. Mais ce qui acheva d'étouffer tous mes scrupules, fut l'avantage que je m'imaginai à me distinguer de ceux de ma profession par un état de vie qui les confond tous. J'avais toujours eu cette vue, mais elle avait toujours cédé à ce que je croyais devoir à la reine.—Le souper du Palais-Royal et la résolution de me perdre avec le public l'ayant purifiée, je la pris avec joie et j'abandonnai mon destin à tous les mouvements de la gloire. »

Ainsi, il n'y a plus à douter, nous avons des aveux formels. Retz permet à ses sens de se laisser chatouiller par le titre de chef de parti ; il abandonne son destin à tous les mouvements de la gloire. C'est dire en d'autres termes qu'il se met à la tête de l'émeute qui se prépare contre Mazarin : pour ne pas nous le laisser ignorer, Retz a bien soin de nous rapporter ce qu'il a dit à deux de ses confidents, Montrésor et Laigues : « *Je serai demain devant midi maître de Paris.* »

Retz entre donc en révolte contre la cour : il se sent appuyé par la foule, soutenu par le Parlement, et il va satisfaire, dans la guerre civile, sa haine contre l'Italien. Bien que Retz ait été trompé par la cour, bien que l'insurrection soit quelquefois le plus saint des devoirs, nous n'hésitons pas à condamner cette conduite. Mais nous ne dirons pas que ce fut seulement l'ambition qui poussa Retz à la révolte ; il était plus remuant qu'ambitieux ; l'activité que demandait son rôle de chef du parti populaire lui plaisait, et,

quand la reine lui offrit la place de Mazarin, avec le chapeau
de cardinal, il refusa. Si Retz ralluma si souvent la guerre
prête à s'éteindre, s'il rompit si souvent les paix fourrées,
comme il les appelle, ce n'est pas dans le seul but de boule-
verser l'État ; Retz détestait cordialement Mazarin, et il ne
voulut jamais entendre parler de réconciliation avec la cour
qu'à une condition : l'éloignement de son ennemi. La reine,
qui avait des sentiments fort tendres pour l'Italien, consentit
souvent à son éloignement ; mais elle protestait en secret,
elle continuait de correspondre avec son ministre exilé, et ce
fut elle, aussi bien que Retz, qui fut cause des troubles sans
cesse renaissants de la Fronde. La reine ne fut jamais de bonne
foi avec le cardinal de Retz. On a encore accusé celui-ci du rôle
équivoque qu'il a joué dans la Fronde, passant tour à tour
de la cour au Parlement, puis se tournant du côté des princes,
pour revenir bientôt au parti de la cour, sans jamais cesser
de flatter la foule et de ménager son crédit auprès d'elle.
Retz, il est vrai, à changé plusieurs fois de parti, mais il
n'en trahit jamais aucun, et c'est un témoignage que bien
peu d'hommes purent se rendre, à cette époque où les beaux
yeux de madame de Longueville et de madame de Chevreuse
déterminaient tant et de si illustres désertions. Retz fut toujours fidèle à ses engagements politiques, il n'abandonna
jamais le duc d'Orléans, si mobile, si faible, si changeant.
L'histoire doit aussi proclamer qu'il était le seul qui cher-
chât dans les troubles la réputation et non la fortune : plusieurs fois il repoussa les offres insidieuses de Mazarin pour
l'acquittement de ses dettes. Retz avait été jeté par sa famille
hors de sa sphère naturelle, ce fut là son grand tort. Quand
arriva la guerre civile, il s'y précipita avec ardeur, sans
être arrêté par sa robe, ni par son caractère ecclésiastique,
parce qu'il était né remuant, actif, et qu'il ne pouvait vivre
dans l'oisiveté épiscopale. Et dans cette guerre qui fut souvent ridicule, et où il se conduisit mieux que tant d'autres,
parce qu'il avait de grandes vues, de la hauteur dans l'es-

prit et dans le caractère, il parut plus coupable qu'un autre, parce qu'il y était plus déplacé. La guerre terminée,
comme il avait échoué dans toutes ses entreprises, il passa
pour un brouillon, imitateur maladroit de César, et aujour-
d'hui, s'il n'avait pas écrit ses mémoires, la postérité le met-
trait au-dessous de Catilina et du comte de Fiesque, ses deux
modèles.

Après avoir blâmé la conduite politique du cardinal de
Retz, il faut accorder des éloges, et des éloges sans restric-
tion, à toute la seconde partie de ses mémoires. Il s'élève,
dans cette partie, à la hauteur des grands écrivains par la
profondeur de pensée, par l'éclat et l'originalité du style.

Cet homme, que l'on a accusé assez légèrement d'être un
ambitieux sans portée politique, de conspirer pour le seul
plaisir de conspirer, remonte, au début de ce second livre,
aux origines de la monarchie française : il signale les com-
mencements de la royauté, il marque nettement les progrès
qu'elle a faits lentement, insensiblement, pendant douze siè-
cles, jusqu'au jour où elle a été portée à son apogée sous le
tyrannique Richelieu. Les réflexions de Retz, sur ce sujet,
sont dignes d'un grand historien, et elles feraient honneur
à un profond politique.

« Richelieu forma, dans la plus légitime des monarchies, la plus
scandaleuse et la plus dangereuse des tyrannies qui aient peut-être
jamais asservi un État... L'empire romain mis à l'encan, et celui
des Ottomans exposé tous les jours au cordeau, nous marquent par
des caractères bien sanglants l'aveuglement de ceux qui ne font
consister l'autorité que dans la force. »

Une pareille réflexion est d'un observateur capable de de-
venir homme d'État. Retz nous offre mille pensées de ce
genre, où il se montre tour à tour publiciste, homme d'État
et moraliste achevé.

S'il veut nous montrer quels sont les gens les plus redou-
tables dans les émotions populaires :

« Les riches, *dit-il*, n'y viennent que par la force ; les mendiants y nuisent plus qu'ils ne servent, parce que la crainte du pillage les fait appréhender. Ceux qui y peuvent le plus sont les gens qui sont assez pressés dans leurs affaires privées pour désirer du changement dans les publiques, et dont la pauvreté toutefois ne passe pas jusques à la mendicité publique. »

Est-il possible d'observer et de décrire avec plus de finesse ?

Retz avait étudié les mobiles qui font agir les peuples, et il connaissait admirablement les masses qu'il a su parfois si bien diriger.

« Il n'y a rien, *nous dit-il*, où il faille plus de précaution qu'en tout ce qui regarde les peuples, parce qu'il n'y a rien de plus déréglé ; il n'y a rien où il en faille plus cacher, parce qu'il n'y a rien de plus défiant. »

« Il n'y a rien de si grande conséquence pour les peuples que de leur faire croire, même quand on attaque, que l'on se défend. »

Souvent, c'est un mot vif et pénétrant qui en dit plus que de longs raisonnements :

« En matière de sédition, tout ce qui la fait croire l'augmente. »

Mais où Retz excelle, c'est dans les maximes ; les maximes avaient été mises à la mode par La Rochefoucauld, et tous les écrivains de cette époque semaient dans leurs ouvrages un grand nombre de ces pensées fines, qui relèvent la monotonie d'un récit, et donnent du relief au style. Les maximes dans les Mémoires du cardinal de Retz ne sont pas prodiguées, mais elles sont toutes vives, piquantes, pleines de force et de vigueur.

« Les gens faibles ne plient jamais quand il le faut. »

« Toutes les puissances ne peuvent rien contre la réputation d'un homme qui la conserve dans son corps. »

« Ce qui est méprisable n'est pas toujours à mépriser. »

Est-ce du Retz ou du La Rochefoucauld que nous venons de citer?

Un autre genre fort à la mode à cette époque, ce sont les portraits ; les portraits faisaient fureur depuis mademoiselle de Scudéry, et ils furent une des passions de la première moitié du xvii° siècle. Retz, avant de nous montrer les personnages dans l'action, veut nous donner une idée de leur caractère, et il place, comme dans une galerie, dix-sept portraits de suite, tracés d'une main impartiale, mais d'une main qui sait habilement manier le pinceau. Tous ces portraits sont saisissants de vérité , admirables de vie, d'éclat , de finesse, de ressemblance. Amis et ennemis, Retz passe tout le monde en revue, et il donne à chacun sa physionomie particulière et originale. La reine , Gaston duc d'Orléans, le prince de Condé, M. de Turenne, M. de La Rochefoucauld, madame de Longueville, son frère le prince de Conti, madame de Chevreuse, madame de Montbazon, Mathieu Molé, resteront dans l'histoire tels que Retz les a dépeints. Il n'a pas oublié Richelieu et Mazarin ; il leur a consacré un long parallèle qui fait admirablement ressortir les qualités et les défauts de ces deux ministres.

« Il faut confesser, *dit Retz*, que tous les vices du cardinal de Richelieu ont été de ceux qui ne peuvent avoir pour instruments que de grandes vertus. »

« Quant à Mazarin, sa naissance était basse et son enfance honteuse. Au sortir du colysée il apprit à piper, ce qui lui attira des coups de bâton d'un orfèvre de Rome, appelé Moreto. »

Sans doute, il y a un peu de perfidie et d'aigreur, un reste de vieille inimitié dans l'affectation que met l'auteur des mémoires à citer ces détails ; mais le jugement total n'en reste pas moins équitable, et il se résume dans ce mot :

« Mazarin porta le filoutage dans le ministère, ce qui n'est jamais arrivé qu'à lui. »

Après nous avoir donné les portraits des principaux personnages, Retz va nous montrer le rôle qu'ils ont joué dans cette étrange guerre de la Fronde.

Le cardinal de Retz est inimitable dans le récit du commencement de la sédition et dans celui de la journée des Barricades, où Mathieu Molé, « *le plus grand homme qui ait paru dans ce siècle,* » fit preuve d'un si rare courage. Il faut voir avec quel art Retz nous décrit le soulèvement instantané du peuple, son effervescence d'un moment, le calme subit qui succède à l'agitation, et Paris revenant plus tranquille « *qu'un jour de vendredi-saint.* » Nous sommes quelque peu choqués de ce mélange à demi sacrilége du sacré et du profane. Mais ici ne nous récrions pas trop ; Retz ira bien plus loin, quand, nous parlant de madame de Longueville, la maîtresse du duc de La Rochefoucauld, alors éloignée de son amant, il nous dira que « *le bénéfice n'était pas vacant, mais que pour le moment il n'était pas desservi.* » Nous trouvons que le cardinal de Retz aurait pu choisir d'autres termes que ceux de la langue religieuse, pour désigner la liaison légèrement scandaleuse du brillant Marcillac avec la belle des belles ; mais, abbé mondain et galant, Retz était moins scrupuleux que nous autres profanes.

« Paris se sentit plus tranquille qu'un vendredi-saint ! *nous dit-il dans un passage plus sérieux,* il poussa des soupirs ; l'on n'en fit point de cas, il tomba en frénésie. »

Est-il rien de plus vivant et de plus dramatique ? Il faut avoir été témoin, et témoin passionné des faits, pour les décrire de la sorte ; Retz a entendu ces soupirs de Paris, il a vu la grande ville tomber en frénésie, et il n'était pas étranger à sa colère.

Mais écoutons l'admirable récit où Retz nous montre comment le parlement résista aux exigences de la cour et commença la révolte. Rien de plus saisissant que ce célèbre passage :

« Le parlement gronda sur l'édit du tarif (1647), et aussitôt qu'il eut seulement murmuré, tout le monde s'éveilla ; l'on chercha en s'éveillant comme à tâtons les lois, on ne les trouva plus ; l'on s'effara, l'on cria, on se les demanda ; et dans cette agitation les questions que leurs explications firent naître, d'obscures qu'elles étaient et vénérables par leur obscurité, devinrent problématiques, et de là, à l'égard de la moitié du monde, odieuses. Le peuple entra dans le sanctuaire, il leva le voile qui doit toujours couvrir tout ce que l'on peut dire, tout ce que l'on peut croire du droit des peuples et de celui des rois, qui ne s'accordent jamais si bien ensemble que dans le silence. — La salle du palais profana ces mystères. »

Un pareil morceau est de ceux qui comptent dans l'histoire. Après cet exorde, Retz passe successivement en revue les différentes scènes de la Fronde ; il raconte les événements qui ont eu pour théâtre la cour, le parlement, les rues de Paris, et il sait donner à chaque épisode de la lutte sa couleur propre et son vrai caractère. Le récit est entremêlé de réflexions piquantes sur les hommes et sur les choses. L'auteur revient souvent sur les difficultés que rencontre un chef de parti dans la conduite des masses ; il s'apitoie sur la faiblesse de Gaston ; il déclare que M. de Conti n'était qu'une girouette, et que M. le Prince n'avait pas assez de suite dans un des plus beaux génies du monde. Retz lui-même se peint au vif dans ses *Mémoires* ; il se montre naïvement à nous, passant d'un rendez-vous avec madame de Pommereux à une conférence politique avec la duchesse de Bouillon. Un jour, celle-ci lui entoure le pouce d'un fil de soie, le pique légèrement, et lui fait signer de son sang une déclaration relative à la guerre civile. C'est là une petite scène de comédie que Retz nous rapporte fidèlement, sans se douter qu'il court risque de jeter un peu de ridicule sur toutes ces choses qu'il prend si fort au sérieux. D'ailleurs, ce n'est là que la vérité des faits, car il faut bien l'avouer, il y eut bien des côtés plaisants dans cette guerre, « *des pots de chambre*, » comme disait Condé.

« Dans l'extravagance de ces sortes de temps, tous les sots deviennent fous, et il n'est pas permis aux plus sensés de parler et d'agir toujours en sages. »

Retz lui-même céda à la contagion, quand il se rendit au parlement avec une dague en guise de bréviaire, quand il adopta des cordons de chapeau *à la fronde*, avouant qu'il fut à la mode, encore plus par cette sottise que par l'essentiel.

Retz s'étend sur tous ces détails ridicules ou plaisants, il n'oublie rien, il raconte même trop au long certains faits qui auraient gagné à être abrégés ; mais les désordres et les longueurs de la composition ne nuisent point à l'intérêt, parce que, sous la plume du cardinal, ils font, pour ainsi dire, partie de la vérité du récit. Au milieu de tous ces détails, l'expression est quelquefois incorrecte, souvent négligée, mais presque toujours neuve et originale. Retz a de ces mots qui n'appartiennent qu'aux véritables écrivains. Il nous dira, par exemple :

« Le roi revint à Paris tout couvert de lauriers : la senteur en entesta un peu trop le cardinal. »

« La vérité jette, lorsqu'elle est à un certain carat, une manière d'éclat auquel on ne peut résister. »

Mais où Retz surtout semble écrire de verve, c'est lorsqu'il déplore la « *girouetterie* » de Monsieur :

« Monsieur faisait en toutes choses comme font la plupart des hommes quand ils se baignent ; ils ferment les yeux en se jetant dans l'eau. »

« Monsieur signa le traité comme il aurait signé la cédule du sabbat, s'il avait eu peur d'y être surpris par son bon ange. »

Nous avons déjà remarqué avec quelle sincérité Retz nous parlait de lui-même. S'il n'hésite pas à nous dire qu'il a traité avec l'étranger, trahison trop commune à cette époque où l'on avait du patriotisme une idée si restreinte, il nous dit aussi, avec une certaine fierté, qu'il a refusé cent mille écus de l'Espagne, et qu'il ne saurait se résigner à être l'annoncier du comté de Fuensaldagne. Nous n'avons pas de peine à croire Retz, quand il nous parle de lui à son avantage, car il va nous dire, un moment après, que son libertinage était extrême et hors de saison, il va se montrer à nous sans scrupule, encore tout chaud et tout fumant de la faction sous le rochet et le camail. Les *Mémoires de Retz* sont de véritables confessions : il ne nous déguise aucune de ses pensées, il nous traduit toutes ses impressions ; à la fin de cette guerre, dont il a été un des plus ardents promoteurs, il finit par reconnaître que l'État est dans une grande tempête où tout le monde vogue contre le vent, et il ajoute :

« J'ai deux bonnes rames en main dont l'une est la masse du cardinal et l'autre la crosse de Paris, je ne les veux pas rompre et je n'ai présentement qu'à me soutenir. »

Mais Retz ne put réussir à se soutenir : de ses deux rames, l'une fut rompue, et l'autre quelque peu endommagée ; après tous les désordres de la Fronde, Paris, la France entière, éprouvaient une lassitude générale ; on voulait du repos, on sentait le besoin du gouvernement d'un seul, on se rapprochait peu à peu du Mazarin, qui profita de ce revirement de l'opinion pour revenir à grands pas au pouvoir suprême. Alors vinrent les représailles : il y avait trop de prétextes contre Retz pour qu'on lui laissât longtemps sa liberté ; il fut arrêté en plein Louvre et enfermé à Vincennes. Là, ce grand agitateur occupa ses loisirs forcés d'une manière toute pacifique :

« Je fis, *dit-il*, une étude particulière de la langue latine, qui me fit connaître qu'on ne peut jamais trop s'y appliquer, parce que c'est une étude qui comprend toutes les autres. — Je travaillai sur la grecque que j'avais fort aimée autrefois. »

Ce n'est pas là une assertion sans fondement ; Retz nous a donné, dans ses *Mémoires,* une preuve de sa connaissance du latin. La cour avait préparé contre le coadjuteur un factum qui fut lu au Parlement par le premier président. Retz était présent, il lui fallut répondre. Sa mémoire ne lui fournissant rien dans l'antiquité qui eût rapport à son dessein, il fit un passage d'un latin le plus pur et le plus approchant des anciens qui fût en son pouvoir. Voici ce passage :

«In difficillimis reipublicæ temporibus urbem non deserui, in prosperis nihil de publico delibavi, in desperatis nihil timui.

En entendant ce latin vraiment cicéronien, personne ne soupçonna la fraude, et Retz confondit ses adversaires. De nos jours combien peu d'orateurs pourraient riposter de la sorte à leurs contradicteurs !

Mais l'étude du latin ne pouvait satisfaire longtemps la dévorante activité du cardinal de Retz ; transporté de Vincennes à Nantes, il ne songe qu'aux moyens d'assurer sa délivrance ; il réussit à tromper la surveillance des ses gardiens, il s'échappe, et, après la plus aventureuse des équipées, il arrive en Espagne à travers mille dangers.

D'Espagne, Retz passe dans l'île Majorque où il est reçu par le vice-roi avec tous les égards dus à son rang : il est conduit en grande pompe à la messe au Leo, et il y admire trente ou quarante dames de qualité, toutes plus belles les unes que les autres, avec des teints de lys et de rose ; pour un prince de l'Eglise, pour un cardinal, une telle remarque en pareil lieu est un peu profane, mais Retz ne nous a pas habitués à une bien grande sévérité de principes. Il croit que l'on peut très-bien faire un sermon sur la chasteté au sortir d'un rendez-vous avec madame de Pommereux, et prêcher l'oubli des injures après avoir parlé pendant deux heures au parlement contre l'odieux Mazarin. Retz ne redoutait nullement ces petites inconséquences avec lui-même.

La troisième partie des mémoires est consacrée au récit du

séjour de Retz à Rome : il apporta dans cette ville son esprit
d'intrigue et son besoin d'activité. Il nous raconte comme il
sait le faire, les menées des cardinaux dans le conclave pour
l'exaltation du cardinal Chigi. Il nous montre les manœuvres
de l'escadron volant, qui reporte toutes ses voix sur l'insigni-
fiant Sachetti, afin de forcer la faction espagnole à voter pour
Chigi, dont on désirait secrètement le succès. La tactique
était habile, et elle réussit; Chigi fut élu.

Retz nous trace en quelques lignes les portraits de Sachetti
et de Chigi :

« Le cardinal Sachetti, homme d'une réputation pareille à celle
du feu président Le Bailleul, de qui Ménage disait qu'il *n'était bon
qu'à peindre...* Comme Galba il eût été digne de l'empire s'il n'eût
été empereur. »

« Le cardinal Chigi se communiquait peu, mais ce qu'il se communiquait était mesuré et sage mieux qu'homme que j'aie jamais
connu.... Il était homme de minuties, ce qui est toujours signe non-
seulement d'un petit génie, mais encore d'une âme basse. »

Nous avons vu que Retz était assez irrévérencieux pour
les grands personnages, et en particulier pour les ecclésias-
tiques : il appelle quelque part l'évêque de Beauvais Pothier,
une bête mitrée et *le plus idiot de tous les idiots.* Ici il se
montre aussi peu respectueux pour le pauvre cardinal Cesy,
pensionnaire d'Espagne, qu'il qualifie de la sorte : *l'homme
le plus singe en tous sens, que j'aie jamais connu.*

Nous retrouvons aussi dans cette partie des *Mémoires*, le
goût de Retz pour les pensées, les réflexions générales. Il
nous dira avec une parfaite justesse :

« Le pape Alexandre VII mettait partout de la finesse : c'est un
grand défaut et d'autant plus grand quand il se rencontre dans les
hommes de grandes dignités qu'ils ne s'en corrigent jamais, parce
que le respect que l'on a pour eux et qui étouffe les plaintes, fait
qu'ils demeurent presque toujours persuadés qu'ils fascinent tout le
monde, même dans les occasions où ils ne trompent personne. »

L'observation est juste, mais elle est incomplète; le pape Alexandre VII trompa bien des gens et Retz tout le premier : Retz avait beaucoup flatté Alexandre, quand il n'était encore que cardinal, il lui avait donné sa voix dans l'élection, et quand Chigi fut devenu Souverain Pontife, il ne trouva pas en lui la protection qu'il avait espérée. Aussi l'a-t-il quelque peu maltraité.

De Rome, Retz revint en France, après des voyages et des caravanes en divers lieux : il vécut en Atticus dans sa vieillesse, après avoir mené pendant sa jeunesse la vie de Catilina. Retiré à Commercy, ne cherchant plus qu'à payer ses dettes immenses et à réparer par une fin austère, les scandales de ses premières années, il jouit de la société des plus grands hommes du siècle: Molière, Corneille, Despréaux. Madame de Sévigné « *tâchait d'amuser son bon cardinal,* » et elle lui témoigna jusqu'à ses derniers jours la plus vive amitié. C'est alors que Retz composa ses *Mémoires* pour obéir à madame de Caumartin, qui lui demandait le récit de sa vie. Consolé dans ses derniers moments par l'affection de ses illustres amis, Retz mourut le 24 août 1678, de la mort la plus douce et la plus tranquille, après la vie la plus agitée qui fut jamais.

« Puissent tous les factieux, tous les agitateurs, *dit M. Sainte-Beuve,* tous ceux qui ont passé leur vie à remuer les parlements et les peuples, finir aussi doucement, aussi décemment que le cardinal de Retz; se ranger comme lui sous la loi de la nécessité et du temps, jouer comme lui en vieillissant au whist, au cartésianisme, à la philosophie, rester ou redevenir parfaitement aimables ! »

Les jugements les plus contradictoires ont été portés sur le cardinal de Retz; sa vie, le rôle qu'il a joué expliquent cette diversité d'opinions. Mais son principal titre de gloire, celui sur lequel il ne comptait pas, et le seul qui soit incontesté, ce sont ces mémoires si piquants, si amusants, si instructifs, si pleins de maximes de l'expérience, et qui ne sont pas, comme on a bien voulu le dire, le bréviaire des révolutionnaires. « Ce livre, disait le pacifique Brossette, *me rend li-gueur, frondeur, presque séditieux par contàgion.* » Non, ces mémoires ne sont pas tellement entraînants qu'ils donnent envie de recommencer après Retz, et de jouer au Catilina à son exemple. Non, ce n'est pas là le manuel des conspira-teurs : à voir tous ces projets successivement déjoués, toutes ces intrigues, si habilement combinées, s'évanouissant sans résultat, à considérer les malheurs de l'État pendant ce temps où « *aucun membre n'avait son mouvement naturel,* » on serait plutôt dégoûté des conspirations et des guerres civiles.

Nous avons énuméré les mérites du style des *Mémoires* ; c'est surtout dans les portraits que Retz est un écrivain in-comparable ; ces portraits sont moins des figures que des ca-ractères, mais ces caractères sont si bien tracés, les nuances qui les séparent sont si finement observées et si nettement rendues, que l'on imagine les visages par induction. Voltaire n'aime pas les portraits, il déclare qu'ils sont presque tous faits de fantaisie :

« Retz, *ajoute-t-il* fait des portraits de tous ses contemporains qui ont joué de grands rôles ; il est en droit de peindre ce qu'il a vu et connu, mais que souvent la passion a tenu le pinceau! »

Non, ce n'est pas la passion qui a tenu le pinceau ; Retz est un peintre fidèle : sans doute, il a pu se laisser aveugler par des inimitiés personnelles ; sans doute il est un peu sé-vère pour M. de la Rochefoucauld, qui le lui a bien rendu, mais, en général, les traits qu'il donne à ses personnages sont vrais de toute vérité, et cette galerie de dix-sept portraits qu'il nous a laissée dans ses *Mémoires*, est chose unique dans no-tre histoire littéraire. Un seul homme a possédé à un plus haut degré que Retz, l'art de rendre vivants des personna-ges célèbres, c'est celui qui a mérité d'être comparé au plus grand peintre de l'antiquité, c'est Saint-Simon.

Saint-Simon était observateur comme Retz, il peint au vif

ces visages qu'il « *perce de ses regards clandestins en y délectant sa curiosité.* » Mais il est plus profond que Retz, ses traits sont plus accentués, il a plus de vigueur dans le pinceau, plus d'éclat dans le coloris. Nous ne trouvons pas dans Retz, comme dans Saint-Simon, de ces mots impitoyables, qui restent attachés à un homme comme une flétrissure ineffaçable. Retz ne peint que le caractère; Saint-Simon nous montre la physionomie des gens, le tour de leur visage et jusqu'à leur démarche. Les portraits de Saint-Simon sont composés avec moins d'art que ceux du cardinal de Retz: Saint-Simon n'observe pas de gradation, il dit tout ce qu'il sait, le bon comme le mauvais, sans ordre, sans mesure, avec la fougue et l'abondance du génie; mais il n'oublie rien, et l'idée qui nous reste de son personnage est bien plus vive, bien plus durable que chez Retz, où le tableau est plus achevé, mais moins brillant.

Avec ces différences, le cardinal de Retz et Saint-Simon, considérés comme peintres de portraits historiques, sont au nombre des plus grands écrivains de notre littérature. Leur principal mérite, c'est l'originalité; tous deux sont originaux par instinct, chez eux l'art, la recherche, n'apparaissent jamais au détriment du naturel.

A en croire un critique contemporain, Retz n'a de l'écrivain que de belles parties, et ses mémoires ne sont qu'un écheveau embrouillé. Ce n'est pas là une opinion nouvelle; déjà au xviiie siècle, J.-B. Rousseau disait dans une lettre à Brossette en parlant des *Mémoires* :

« C'est un salmigondis de bonnes et de mauvaises choses, écrites tantôt bien, tantôt mal, entremêlées de beaucoup de particularités curieuses, mais d'un bien plus grand nombre de détails peu intéressant et fort ennuyeux. »

Nous ne saurions souscrire à un jugement aussi sévère; sans doute il y a, dans les *Mémoires de Retz*, quelques parties longues, languissantes; mais l'œuvre entière est animée d'un puissant intérêt, elle est semée de traits fort jolis, de bagatelles charmantes, de maximes pénétrantes, de réflexions sages et profondes. Le style est vif, serré, tour à tour plein d'une éloquente concision ou d'une grâce aimable et négligée. Ce n'est pas là du verbiage, comme le dit si dédaigneusement J.-B. Rousseau, c'est encore moins un écheveau embrouillé. Voltaire, aussi bon juge que J.-B. Rousseau en fait de style, trouvait les *Mémoires de Retz* écrits avec un air de grandeur, une impétuosité de génie et une inégalité qui sont l'image de sa conduite. On peut dire de Retz ce que l'on a dit de César : *Eodem animo scripsit quo bellavit*, il a écrit comme il a combattu.

Les *Mémoires du cardinal de Retz* nous ont montré ce curieux personnage dans sa vie privée, dans son rôle politique, dans toute sa conduite : prêtre scandaleux, politique frivole et sans consistance dans la pratique, Retz, comme il arrive aux écrivains de génie, se relève la plume à la main, et il nous laisse une des œuvres les plus originales du siècle de Louis XIV. Pour l'éclat du style, pour l'intérêt et le mouvement, pour la vivacité des peintures, le cardinal de Retz serait le premier parmi les auteurs de Mémoires, s'il n'avait eu pour successeur Saint-Simon, en présence duquel tout pâlit. Mais après Saint-Simon, la seconde place est encore assez belle, et cette place, c'est au cardinal de Retz qu'elle appartient.

VERSAILLES. — IMPRIMERIE CERF, RUE DU PLESSIS, 59.

www.ingramcontent.com/pod-product-compliance
Ingram Content Group UK Ltd.
Pitfield, Milton Keynes, MK11 3LW, UK
UKHW021050120726
13693UKWH00006B/2535